RÉFLEXIONS

SUR

LE RENOUVELLEMENT INTEGRAL

ET SEPTENNAL

DE LA CHAMBRE DES DÉPUTÉS.

IMPRIMERIE DE J. TASTU,
RUE DE VAUGIRARD, N° 36.

RÉFLEXIONS

SUR

LE RENOUVELLEMENT INTÉGRAL

ET SEPTENNAL

DE LA CHAMBRE DES DÉPUTÉS.

PAR M. LE COMTE

AUGUSTE DE TALLEYRAND,

PAIR DE FRANCE.

PARIS.

LADVOCAT, LIBRAIRE,

AU PALAIS-ROYAL.

AVRIL 1824.

RÉFLEXIONS

SUR

LE RENOUVELLEMENT INTÉGRAL

ET SEPTENNAL

DE LA CHAMBRE DES DÉPUTÉS.

Lorsqu'un ministère (depuis 1815 nous en avons malheureusement plus d'un exemple) veut changer une de nos institutions, quelque soin qu'il mette à envisager sous tous ses jours le projet qu'il a conçu, souvent ses yeux ne sont frappés que des avantages qu'il présente; il se les exagère, et ce n'est que lorsque la loi qu'il a présentée est rendue, et mise à exécution, qu'il en aperçoit les inconvéniens. Je crains bien qu'il en soit ainsi du système septennal que le ministère actuel veut introduire en France.

Il est persuadé que ce nouveau mode d'élection donnera au roi plus de pouvoir, au gouvernement plus de stabilité; il croit le renouvellement septennal favorable à la fois à la monarchie et à la liberté : c'est dans cette conviction qu'il présente la loi. C'est dans la conviction contraire, dans l'intime persuasion où je suis que ce nouveau système, loin de donner plus de force à la royauté, l'affaiblira, qu'il ébranlera le gouvernement au lieu de l'affermir, qu'il mettra le ministère dans la dépendance absolue de la Chambre des députés, qu'il détruira l'équilibre entre les trois pouvoirs, en un mot qu'il est également défavorable à la monarchie et à la liberté, que j'entreprends de le combattre.

Je ne parlerai pas des dangers auxquels la France pourrait se trouver exposée si l'époque du renouvellement intégral de la Chambre des députés tombait dans un moment de troubles, dans une année de disette, ou au milieu d'une guerre dont les succès ne seraient ni aussi brillans ni aussi rapides que l'ont été ceux de la guerre d'Espagne. Ces observations ont été faites par des écrivains plus habiles que moi; je me bornerai aux réflexions suivantes.

Depuis la restauration nous avons toujours vu la majorité de la Chambre des députés entraîner le ministère plus loin qu'il ne voulait. Quand il a cru que son devoir lui défendait de dépasser jusqu'à un certain point la ligne qu'il s'était tracée, il s'est vu dans la nécessité de donner sa démission, et cependant il trouvait dans le renouvellement partiel un frein pour retenir la majorité qui voulait lui dicter la loi. Quand il se sera privé de ce frein, quand il voudra secouer le joug qu'il se sera lui-même imposé, comment le pourra-t-il ? Pour rester en place cédera-t-il aux volontés de la majorité, ou bien se retirera-t-il ? Dans ces deux hypothèses le pouvoir passe tout entier dans les mains de la Chambre des députés. Après avoir employé tous les moyens qui sont en son pouvoir pour obtenir le renouvellement intégral, cassera-t-il la Chambre ? qui peut répondre de l'esprit dont sera animée celle qui lui succédera ? Devant durer sept ans, si elle est démocratique quels dangers courront les deux autres pouvoirs et les prérogatives de la couronne ?

Avec le renouvellement partiel, au contraire, le gouvernement est le maître de dissoudre la Chambre si les circonstances l'exigent, ou de la ramener à son opinion par le moyen d'un nouveau cinquième. Pourquoi ôter à Sa Majesté celle de ces deux chances qui assure davantage la tranquillité du royaume, qui sans secousses nous a donné la chambre de 1823? Pourquoi rallumer les passions qui commençaient à s'éteindre, exciter l'un contre l'autre des partis qui tendaient à se rapprocher? Sans la septennalité le roi sera moins souvent dans le cas de dissoudre la Chambre! Est-ce un si grand malheur dès que le souverain conserve le droit de la casser, droit dont il a usé deux fois depuis huit ans. Un prince peut quelquefois par un coup d'état affermir son autorité, mais un moyen aussi violent trop souvent répété, ébranle plus qu'il ne consolide un gouvernement.

On sait, dit l'auteur d'une brochure intitulée *du renouvellement intégral*, brochure que l'on attribue à un des plus célèbres écrivains de notre siècle, « que les Parlemens » septennaux furent introduits en Angleterre » en 1716. Les membres des communes, » qui étaient élus pour trois ans, ajoutèrent » quatre années à leurs pouvoirs; et c'est » de cette époque que datent la puissance » et le repos de la Grande-Bretagne. »

Sans comparer ici la position où se trouvait la Grande-Bretagne en 1716, et celle où nous sommes aujourd'hui, sans entrer en discussion sur les différences notables qui existent entre notre constitution et la constitution anglaise, j'observerai que ce fait est plus contraire que favorable au projet de loi du ministère.

La constitution anglaise remontait jusqu'en 1215, et malgré son ancienneté, la fermentation qu'excitait chaque élection générale força les membres de la chambre des communes à ajouter quatre années à leurs pouvoirs. Si nous avions en France, comme les Anglais l'avaient alors, le renouvellement intégral, qui toujours donne à un État une secousse plus ou moins forte, selon les circonstances où se trouve le pays à l'époque des élections, je concevrais que l'on s'appuyât de cet exemple, et serais le premier à voter pour la septennalité; mais nous sommes dans une toute autre position : le renouvellement de notre Chambre des députés s'opère par cinquième; or, je ne vois pas que ce qui s'est passé chez nos voisins en 1716, soit une raison pour changer une de nos lois fondamentales, et pour adopter un système qui, en Angleterre même, a présenté de si grands inconvéniens, que le Parlement a cru nécessaire au repos de son pays d'éloigner le plus qu'il a pu l'époque des élections.

Y a-t-il, ajoute l'auteur de la brochure que j'ai citée plus haut, « quelque moyen » de gouverner raisonnablement, avec ces » élections interminables, avec cette révo- » lution annuelle, avec cette fièvre qui vous » reprend aussitôt qu'elle vous quitte? etc.

» Il est vrai de dire qu'avec l'élection par- » tielle, il n'y a qu'une seule chose et qu'une » seule affaire en France : les élections. Cela » est-il tolérable? »

Quelques facilités qu'ait le ministère d'influencer les élections ; quel que soit le nombre de voix dont il dispose, voulant sans cesse apporter des changemens à la Charte, je conçois les peines que lui donne le renouvellement partiel. A chaque innovation qu'il médite, l'inquiétude s'empare des esprits, les espérances, les craintes de tous genres renaissent, et avec elles cette agitation qui, bien que comprimée par la force, mine sourdement un empire : mais que le ministère manifeste la ferme volonté de respecter et de faire respecter la constitution, qu'il déclare qu'il sévira avec rigueur contre quiconque attaquera les lois du royaume, ou quiconque cherchera à porter la plus légère atteinte, soit à la légitimité, soit au pouvoir, aux prérogatives du roi, bases sur lesquelles reposent le bonheur, la prospérité, le salut de l'État; bientôt les passions n'ayant plus aucun espoir de se satisfaire, se calmeront, nous aurons en France ce qui nous manque : un esprit public, sentiment qui centuple les forces d'une nation, et les difficultés dont il se plaint s'aplaniront; fort de son bon droit, se trouvant dans son rôle sur son terrain, il obtiendra sans efforts la majorité dans les élections comme dans les Chambres, la masse entière de la nation sera pour lui, et le roi dans ses vieux jours aura la consolation de voir son ouvrage assurer pour des siècles le bonheur de ses sujets. Si le ministère, au contraire, sort de la Charte, s'il l'enfreint, quelque majorité réelle ou factice qu'il puisse avoir dans les Chambres, il perpétuera en France la désunion, il démoralisera la société, il ne pourra se soutenir qu'à force de moyens de corruption, et sa marche n'ayant plus de base ni de règle, il se trouvera dans un labyrinthe d'où il aura d'autant plus de peine à sortir, que chaque pas qu'il fera le mènera malgré lui vers le despotisme ou vers la démocratie.

Je vais maintenant essayer de prouver que la septennalité romprait l'équilibre entre les trois pouvoirs.

En Angleterre, les fortunes colossales de la plupart des pairs du royaume, la grande considération dont ils jouissent, l'énorme influence qu'ils ont dans les villes, dans les comtés, dans les bourgs, font de la Chambre des pairs un corps imposant, un corps intermédiaire entre le roi et la nation, un corps qui sert réellement de barrière aux empiétemens du ministère comme à ceux de la démocratie.

Chez nous, les pairs de France n'ont généralement qu'une fortune médiocre. Le sort d'une partie d'entre eux est dans la main du gouvernement. Si le ministère leur présentait des lois qu'ils jugeassent contraires au bien du roi, de leur patrie, il n'y en a pas un sans doute qui ne fît à son devoir le sacrifice de sa fortune, de son existence; mais nous ne pouvons nous le dissimuler, les pairs de France, quels que soient leur royalisme, leurs talens, leur patriotisme, n'ont pu encore inculquer, dans le cœur de leurs concitoyens, ce profond respect, cette vénération que les Anglais ont pour les pairs du royaume, cette conviction innée en eux que la chambre haute est le plus sûr garant des institutions et des libertés de leur pays, comme le plus ferme, le plus solide appui du trône, sentimens dont un corps politique tire toute sa force, mais qui ne peuvent naître et s'enraciner dans un pays qu'avec le temps.

C'est l'ensemble des proportions, c'est l'harmonie qui existe entre elles qui donnent de la solidité à un édifice. On peut établir la balance entre deux pouvoirs faibles, comme entre deux pouvoirs forts. La consistance qu'en Angleterre la septennalité donne à la Chambre des communes est en proportion avec l'influence que la Chambre des pairs exerce dans l'État; mais chez nous, il n'en serait pas de même.

Pendant son séjour en Angleterre, occupé sans cesse à Londres comme à Paris du bonheur de la France, le prince le plus éclairé de l'Europe étudia avec soin les lois du pays qu'il habitait. Prévoyant le jour où la Providence, exauçant les vœux de ses sujets, le replacerait sur le trône de ses ancêtres, il calculait les articles de la constitution anglaise qui pourraient s'adapter à notre caractère, à nos mœurs, aux circonstances dans lesquelles se trouvait le royaume. Dans sa sagesse, il jugea qu'à la suite d'une révolution qui avait détruit toutes les grandes fortunes, une Chambre des pairs ne pouvait pas, dès son origine, jouir en France de toute la considération qui entoure, en Angleterre, la Chambre haute; que dès-lors il fallait donner à celle des députés une toute autre constitution, une toute autre organisation qu'à celle des communes, ce qui lui fit probablement (au moins peut-il être permis, ce semble, de le présumer), adopter le renouvellement partiel, de préférence au renouvellement intégral, dont il avait été à même de juger par ses yeux les avantages et les inconvéniens.

Effectivement, les députés des départemens se renouvelant par cinquième, la stabilité des pairs de France leur donne sur eux l'avantage et la suprématie que doit naturellement avoir le premier corps de l'État. Si nous adoptons la septennalité, qu'arrivera-t-il? La Chambre des députés sera réellement inamovible pendant sept ans (car on ne peut pas raisonnablement supposer que celle-ci soit dissoute de sitôt), tandis que la Chambre des pairs pourra subir des variations continuelles, puisque le gouvernement est tous les jours le maître d'augmenter à sa volonté le nombre de membres qui la composent. La septennalité, en décuplant l'importance de la seconde Chambre, atténue d'autant celle de la Chambre des pairs, l'équilibre entre les trois pouvoirs est rompu, la constitution fortement ébranlée dans ses bases, et nous courons risque, comme je l'ai dit plus haut, de tomber sous le despotisme aristocratique ou démocratique d'une assemblée, position qui compromet également la monarchie et la liberté; tant il est vrai, *qu'à côté de l'avantage d'améliorer se trouve le danger d'innover*, précepte d'une profonde politique, qui nous fut donné par le roi lui-même, et dont, pour le bonheur de la France, nous ne saurions trop nous pénétrer.

La Charte, comme tout ouvrage sorti de la main des hommes, n'est point parfaite, nous dit-on : c'est possible, mais laissons le temps, l'expérience nous en bien démontrer les défauts réels, et attendons pour y toucher que les passions soient calmées en France. Ce n'est qu'alors que nous pourrons y apporter des modifications réellement utiles au bien de la patrie. Tout changement important que l'on fait à une constitution au milieu du choc des partis, produit bien rarement les résultats salutaires que l'on s'en promet.

Je ne me dissimule pas que l'opinion que j'émets ici contre le renouvellement intégral, m'expose à m'entendre accuser d'être du parti de l'opposition ; mais en présentant ces réflexions à mes nobles collègues, à messieurs les députés, en les soumettant aux ministres eux-mêmes, au moment où le premier corps de l'État a nommé une commission pour lui faire un rapport sur le projet de loi du renouvellement intégral et septennal de la Chambre des députés, je crois remplir le devoir d'un bon royaliste, d'un bon Français, en un mot, le devoir d'un pair de France.

J'entends sans cesse répéter que sous un gouvernement représentatif il faut être du parti ministériel ou du parti de l'opposition, qu'il n'y a pas de milieu; que du moment qu'on occupe un emploi, une place, on ne peut voter que selon la volonté de son chef. Je suis loin de partager cette opinion que je n'envisage que comme un sophisme ministériel, et saisis avec empressement cette occasion pour faire à ce sujet ma profession de foi. Quiconque dans sa conduite politique n'a jamais eu rien à se reprocher ne craint pas de dire tout ce qu'il pense.

Lorsque toutes les institutions qui dérivent de la Charte, seront définitivement et invariablement fixées, il pourra peut-être ne plus y avoir en France qu'un parti ministériel et un parti de l'opposition; mais quand il s'agit des lois organiques du royaume, lois dont dépend l'avenir de la France, l'honneur, l'amour de la patrie me paraissent faire un devoir à tout pair de France, à tout député, dans quelques mains que soit remis le timon des affaires, de ne consulter dans ses discours, dans les votes qu'il émet, que sa conscience et sa conviction; autrement les membres de l'une et de l'autre Chambre se trouveraient à chaque nouveau ministère dans le cas de changer d'opinion, de passer des lois qu'ils jugeraient pouvoir être un jour funestes au roi, à leur patrie, ou de rejeter, s'ils étaient de l'opposition, celles qu'ils croiraient utiles au bien de leur pays.

Tout agent du gouvernement ne peut sans doute professer dans le poste qu'il occupe d'autre opinion que celle qui lui est suggérée par son chef, ni tenir d'autre langage que celui qu'il lui prescrit; s'il agit d'une manière quelconque dans un sens contraire à ses instructions, je dirai plus, s'il s'en écarte en rien, il manque à son devoir, il mérite d'être destitué; mais quand il siége à la Chambre des pairs ou à celle des députés, il n'est plus l'employé du ministère, il est l'homme de la monarchie, l'homme de la France, et il ne doit plus compte de ses opinions, de ses votes, qu'à son roi, à sa patrie. Tels sont les principes qui ont toujours dirigé ma conduite depuis que j'ai l'honneur de siéger à la Chambre des pairs. Voyez en Angleterre, s'écriera-t-on.

En Angleterre même, lorsqu'il s'agit de changer une des lois fondamentales du royaume, le parti qui, dans les circonstances ordinaires, vote toujours avec les dépositaires du pouvoir, se divise; toute considération quelconque cédant à l'amour de la patrie, non-seulement les partisans du ministère, mais les ministres eux-mêmes, quelqu'accord qui règne entre eux, émettent chacun leur opinion particulière. On en a eu encore dernièrement un exemple frappant dans l'affaire de l'émancipation des catholiques.

www.ingramcontent.com/pod-product-compliance
Lightning Source LLC
LaVergne TN
LVHW020459230826
846091LV00008BA/3285

9782012470620